AF554789

EXTRAIT DU SPECTATEUR MILITAIRE (AVRIL 1831.)

REVUE DU ROI

POUR

LA DISTRIBUTION DES DRAPEAUX.

(27 mars 1831)

Nous avons pensé que nos lecteurs nous sauraient gré de mettre sous leurs yeux la relation de la revue et de la distribution des drapeaux et étendards délivrés par le roi aux différens corps de l'armée, réunis à Paris, le 27 mars, et nous nous empressons de leur donner les détails de cette imposante cérémonie.

Un pavillon avait été élevé en avant, et à cent mètres de la façade de l'École-Militaire. Ce pavillon, entouré de gradins, était destiné à recevoir le roi. Les drapeaux et étendards étaient groupés en faisceaux devant le pavillon.

A dix heures du matin toutes les troupes étaient rendues sur l'emplacement qui leur avait été assigné, et déjà les talus qui entourent le Champ-de-Mars étaient couverts d'une multitude innombrable de spectateurs.

Six bataillons de la garde nationale parisienne et un escadron de la garde nationale à cheval formaient la droite de l'infanterie et de la cavalerie.

Les troupes de ligne étaient formées par divisions et par brigades dans l'ordre suivant.

M. le lieutenant-général comte PAJOL, commandant de la première division militaire, *commandant supérieur*.

INFANTERIE.

1re DIVISION.

Commandée par M. le lieutenant-général LE DRU DES ESSARTS.

Brigade	Régiment	Commandant	Grade
1re brigade, Commandée par M. le maréchal-de-camp Darriule.	1er de ligne,	M. Denizet,	colonel.
	19e id.,	M. Meslin,	id.
2e brigade, Commandée par M. le maréchal-de-camp Cubières.	11e id.,	M. Sauset,	id.
	24e id.,	M. Reissenbach,	id.

2e DIVISION.

Brigade	Régiment	Commandant	Grade
3me brigade. Commandée par M. le maréchal-de-camp Fabvier.	8e léger,	M. Bourcholtz,	id.
	31e de ligne,	M. Bonnet,	id.
4me brigade, Commandée par M. le maréchal-de-camp Rumigny.	13e léger,	M. Martin,	id.
	59e de ligne,	M. Petit d'Hautrive,	id.
	66e id.,	M. Varlet,	id.

CAVALERIE.

1re DIVISION.

Commandée par M. le lieutenant-général GÉRARD.

Brigade	Régiment	Commandant	Grade
1re brigade. Commandée par M. le maréchal-de-camp Merlin.	1er cuirassiers,	M. Ordener,	colonel.
	4e id.,	M. Schneit,	id.
	5e id.,	M. Canuet,	id.
2me brigade. Commandée par M. le maréchal-de-camp Marbot.	6e dragons,	M. Lacour,	id.
	1er lanciers,	M. Bro,	id.
	6e id.,	M. Sourd,	id.

2e DIVISION.

Commandée par M. le lieutenant-général COLBERT.

3e brigade. Commandée par M. le maréchal-de-camp Rigny.	1er chasseurs, ex-6e.	M. Prués,	colonel.
	3e id., ex-8e,	M. Hatry,	id.
	13e id., ex-18,	M. Planzeaux,	id.
4me brigade. Commandée par S. A. R. Monseigneur le duc d'Orléans.	1er hussards,	M. Pozac,	id.
	6e id.,	M. Lawoastine,	id.

ARTILLERIE ET GÉNIE

Commandés par M. le maréchal-de-camp GOURGAUD.

11e régiment. M. de Tourmine, colonel. (8 batteries, 64 bouches à feu.)
1er régiment (4e et 5e compagnies de sapeurs).

Voici l'ordre de bataille dans lequel étaient rangés ces différens corps. L'infanterie, placée en colonne serrée par régiment, appuyait sa droite à l'École-Militaire; la cavalerie, en bataille par brigade, avait sa droite à la Seine, et l'artillerie et le génie occupaient le quatrième côté du parallélogramme qui correspond à l'École-Militaire,

A onze heures précises, le roi, accompagné des ducs d'Orléans et de Nemours, et d'un nombreux état-major, dans lequel on remarquait les maréchaux Soult, Mortier, Molitor et Gérard, est sorti du Palais-Royal pour se rendre au Champ-de-Mars. Le cortége était précédé et suivi de détachemens de la garde nationale à cheval. Des salves d'artillerie ont annoncé le départ du Palais-Royal et l'arrivée au Champ-de-Mars de Sa Majesté. Le roi est monté ensuite sur l'estrade entourée des députations des divers régimens présens à la cérémonie (1), et leur a adressé le discours suivant :

« Mes chers camarades,

» C'est dans vos rangs que j'ai commencé à servir mon pays, et je m'enorgueillis de pouvoir vous rappeler que les divers changemens de fortune qu'il m'est tombé en partage de subir dans le cours de ma carrière n'ont jamais altéré ni ma fidélité à ma patrie, ni les sentimens dont j'étais animé quand j'avais le bonheur de combattre avec vous pour la défense de sa liberté et de son indépendance nationale.

» Il y a précisément quarante ans que, comme aujourd'hui, je présentai au 14e régiment de dragons, que je commandais alors, des étendards portant ces trois couleurs, que nous avons reprises avec tant de joie, et que le patriotisme et la valeur des soldats français ont rendues si glorieuses pour la France et si redoutables pour les ennemis.

» J'aime à vous dire combien je suis heureux de revoir notre brave armée plus belle et plus forte que je ne l'ai jamais vue, combien je jouis de me retrouver au milieu des successeurs de mes anciens frères d'armes, et de vous témoigner le plaisir que j'éprouve en vous présentant moi-même vos nouveaux drapeaux. Vous leur serez fidèles dans la paix, comme vous le seriez dans la guerre, si vous vous trouviez appelés à les défendre dans les combats contre les ennemis de la patrie; et c'est avec confiance que j'en remets la garde à votre honneur, à votre courage et à votre patriotisme. »

(1) Ces députations étaient composées du colonel, de 4 officiers, de 4 sous-officiers et de 8 soldats.

La garde nationale et l'armée ont répondu à ce discours du soldat de Jemmapes et de Valmy par les cris répétés de *Vive le roi!*

Les drapeaux ont été immédiatement présentés à Sa Majesté par M. le maréchal ministre de la guerre, et le roi en a fait la remise aux colonels des régimens. Alors le maréchal Soult a adressé aux députations l'allocution suivante:

« Chefs, officiers et soldats, voilà vos drapeaux! ils vous » serviront de guide et de ralliement partout où le roi le » jugera nécessaire pour la défense de la patrie.

» Vous jurez d'être fidèle au roi des Français et à la » Charte constitutionnelle, et d'obéir aux lois du royaume!

» Vous jurez de sacrifier votre vie pour défendre vos » drapeaux, pour les maintenir sur le chemin de l'honneur » et de la victoire! Vous le jurez! »

Le ministre de la guerre a fait l'appel de chaque régiment, et les colonels ont répondu : « *Je le jure!* » Les députations sont retournées ensuite à leur régiment : là chaque drapeau a été reçu par les corps avec les marques d'honneur en usage dans les rangs de l'armée française, et avec un enthousiasme unanime.

Cette cérémonie achevée, le roi est monté à cheval, et, entouré du brillant état-major qui lui servait d'escorte, Sa Majesté a passé la revue des troupes, et a parcouru tous les rangs dans l'ordre de bataille indiqué ci-dessus. Le roi s'est arrêté au centre de chaque régiment, et a remis lui-même la décoration de la Légion-d'Honneur aux officiers, sous-officiers et soldats qui avaient été désignés par M. le maréchal Soult pour recevoir cette récompense nationale. Cette fois la faveur n'entrait pour rien dans cette distribution; l'insigne des braves était le prix d'honorables services, du dévouement, de la conduite et d'un zèle soutenu dans l'application aux devoirs militaires. Si la joie et la reconnaissance des nouveaux élus se manifestaient sur leurs visages, un sentiment de noble émulation brillait aussi sur la physionomie de ceux de leurs camarades, qui, en applaudissant à cette impartiale distribution, y voyaient une garantie pour leur propre avenir.

A mesure que le roi dépassait les lignes de bataille, chaque corps se formait en colonne serrée par division, et se tenait prêt à défiler.

A deux heures et un quart, la revue étant terminée, le roi est venu se placer avec son cortége devant l'entrée de l'École-Militaire faisant face au pavillon. La reine et la famille royale occupaient le grand balcon de ce bâtiment. Les régimens se sont immédiatement mis en mouvement pour défiler; l'infanterie, l'arme à volonté et au pas de route; les cuirassiers au trot, la cavalerie légère au galop; l'artillerie et le génie dans l'intervalle qui séparait ces deux armes.

Ce mouvement a duré pendant deux heures. Chaque peloton, en passant devant le roi, le saluait par ses acclamations unanimes. Après avoir défilé, l'infanterie se dirigeait, par les avenues de la Motte-Piquet et de la Bourdonnaie, vers ses quartiers ou cantonnemens respectifs; la cavalerie, tournant ensuite à gauche par une conversion, est venue reformer ses escadrons sur l'emplacement du Champ-de-Mars, devenu libre par le départ de l'infanterie.

A quatre heures et demie, la revue étant terminée, une salve d'artillerie a annoncé le départ du roi et de la famille royale. Sa Majesté est revenue au Palais-Royal escortée du même état-major, et accompagnée des acclamations de la population parisienne qui se portait en foule sur son passage.

Cette revue a produit le plus grand enthousiasme parmi

les habitans de la capitale. Ils ont pu juger, à l'aspect imposant de ces masses, du degré de confiance que devait inspirer leur attitude toute martiale, et ce que l'on devait attendre de troupes joignant la valeur à la discipline. Les étrangers eux-mêmes ont admiré les rangs de nos guerriers. En effet, une tenue magnifique, une superbe infanterie, une belle cavalerie, la plus brillante artillerie de l'Europe, tout faisait présager les hautes destinées de cette invincible armée, si jamais elle était appelée à l'honneur de défendre l'intégrité du territoire national.

Le Capitaine SICARD.

ÉVERAT, Imprimeur, rue du Cadran, n° 16.

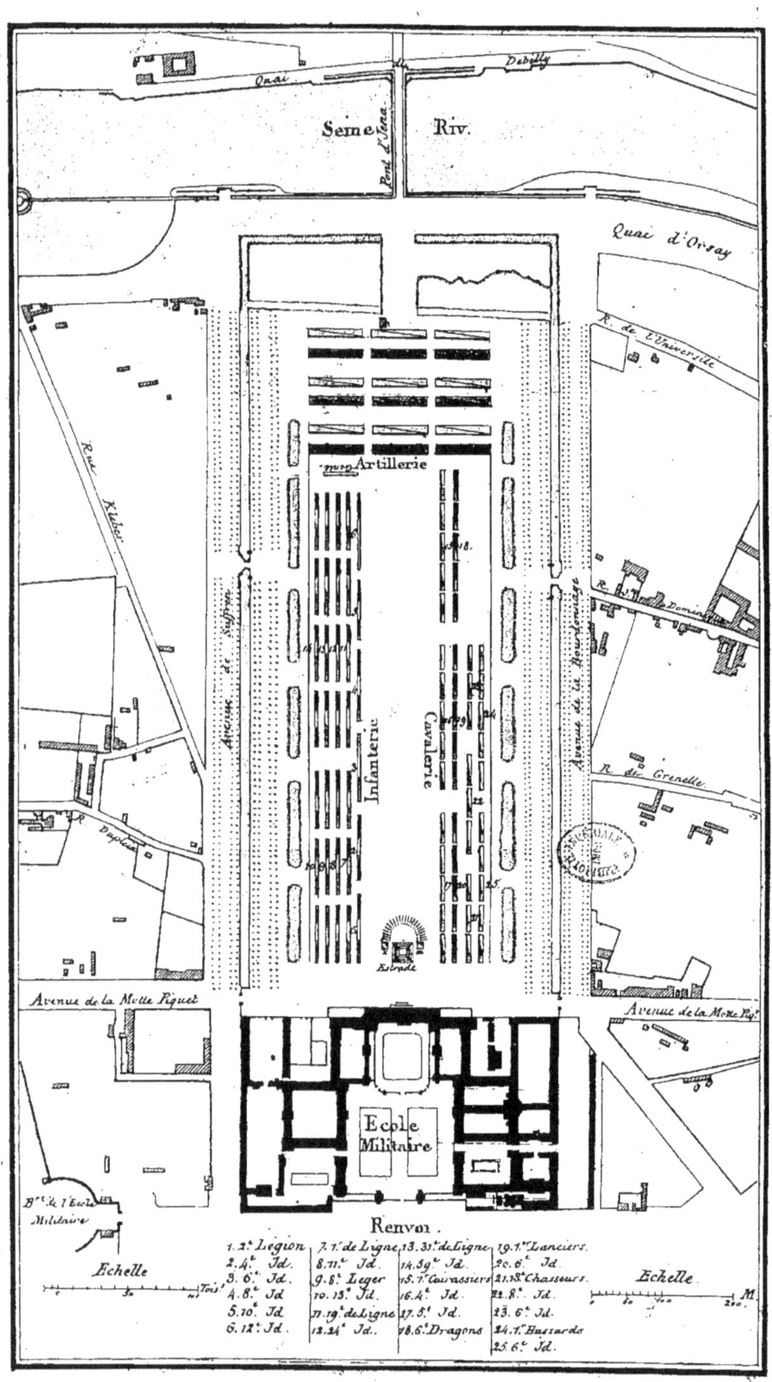
Quai Debilly
Seine Riv.
Pont d'Jena
Quai d'Orsay
R. de l'Université
Rue Kleber
Artillerie
Avenue de Suffren
Avenue de la Bourdonnaye
R. S. Dominique
Infanterie
Cavalerie
R. de Grenelle
R. Duplex
Estrade
Avenue de la Motte Piquet
Avenue de la Motte Piq.
Ecole Militaire
Bre. de l'Ecole Militaire
Renvoi.
1. 2.e Legion
2. 4.e Id.
3. 6.e Id.
4. 8.e Id
5. 10.e Id
6. 12.e Id.
7. 1.e de Ligne
8. 11.e Id.
9. 8.e Leger
10. 13.e Id.
11. 19.e de Ligne
12. 24.e Id.
13. 31.e de Ligne
14. 59.e Id.
15. 1.e Cuirassiers
16. 4.e Id.
17. 5.e Id.
18. 6.e Dragons
19. 1.er Lanciers.
20. 6.e Id
21. 18.e Chasseurs.
22. 8.e Id.
23. 6.e Id.
24. 1.e Hussards
25. 6.e Id.
Echelle
Toises
Echelle
M.

www.ingramcontent.com/pod-product-compliance
Lightning Source LLC
LaVergne TN
LVHW010415240826
846091LV00020B/4004

* 9 7 8 2 0 1 1 9 0 5 0 0 0 *